El mundo según Lea

Carlos Javier González Serrano

Ilustraciones de Candela Ferrández

Papel certificado por el Forest Stewardship Council®

Primera edición: febrero de 2023

© 2023, Carlos Javier González Serrano, por el texto
© 2023, Penguin Random House Grupo Editorial, S. A. U.
Travessera de Gràcia, 47-49. 08021 Barcelona
© 2023, Candela Ferrández, por las ilustraciones

Printed in Spain – Impreso en España

ISBN: 978-84-488-6373-9
Depósito legal: B-22.408-2022

Compuesto por Araceli Ramos
Impreso en Índice, S.L.
(Barcelona)

BE 6 3 7 3 9

A mis padres, que me hicieron amar la lectura
y me dieron amigos que nunca fallan: los libros.

A quienes leen e invitan a leer, porque hacen pervivir
lo más importante: las historias que nos unen.

Carlos Javier González Serrano

Para Manuela.

Candela Ferrández

Índice

¿Quién es Lea?

Sobre lo importante de conocer quién eres
y de vivir con actitud de asombro

Lea es una niña muy curiosa.

Su pelo no es ni largo ni corto,

y se pone muy rubio cuando le da el sol.

Tiene tres pecas en una de sus mejillas.

Cada mañana, al levantarse de la cama,

las mira cuidadosamente delante del espejo.

No le gustaría que ninguna de sus pecas desapareciera.

También las toca, apretándose y pellizcándose la cara:

—Aunque algún día crezca y me haga mayor,

seguiréis ahí, ¿verdad? —se pregunta.

Como Lea es muy observadora, tiene muchas preguntas.

Pero los adultos no siempre quieren contestarlas.

A veces, la gente mayor le pide a Lea que esté en silencio

y no pregunte tanto.

Por eso, la curiosidad de Lea crece cada día.

«Quizá nadie sepa cómo funciona el mundo…»,
piensa ella.

Los ojos de Lea son grandes y atentos, como los de una lechuza.
Las lechuzas son pájaros nocturnos que duermen durante el día
y cazan por la noche. Una tarde, cuando iba de excursión con
sus padres, Lea vio una lechuza apoyada en la rama de un árbol.

Abría y cerraba lentamente sus enormes ojos,
mientras giraba su cuello de un lado a otro.
Desde entonces, es su animal favorito.

—Ojalá tuviera los ojos tan grandes como los de una lechuza

—le dice Lea a su madre—. Seguro que ellas lo saben todo.

—Es importante que nunca dejes de preguntar —le contesta su madre.

—¿Por qué, mamá? —Para Lea, cada pregunta siempre

lleva a una nueva pregunta…

Claves para pensar

SÓCRATES (470–399 a.C.), uno de los filósofos más conocidos de la antigua Grecia, pensaba que la vida solo es valiosa si la observamos con pausa y atención. Por eso es tan importante preguntar y no dar nada por sentado.

- Cuando Lea se mira en el espejo se ve a sí misma. Y tú, ¿eres solamente ese cuerpo que ves en el espejo o también eres todo lo que piensas y todo lo que sientes, aunque no lo veas?

- Lea se pregunta si, con el paso del tiempo, sus pecas desaparecerán. ¿Qué crees que es el tiempo?

- Piensa en un reloj. ¿Por qué crees que medimos el tiempo? ¿Por qué a veces parece que el tiempo pasa muy lento y otras muy rápido?

- ¿Por qué es importante observar el mundo con ojos de asombro y con curiosidad, como una lechuza o como Sócrates?

Un paseo por el parque

Nuestra relación con la naturaleza

A Lea le encantan los días de lluvia.

Como es muy curiosa, Lea presta atención a todas las cosas
que cambian a su alrededor. Se da cuenta de que los colores
son mucho más bonitos cuando llueve,

en otoño

y en primavera.

Pero en verano, cuando no cae ni una gota,

todo está más seco y amarillo,

y en invierno los árboles
se quedan sin hojas.

Una tarde, bajo un cielo tormentoso, Lea sale

corriendo del colegio a buscar a su padre.

Como le gusta mucho la lluvia y el olor de la hierba

mojada, Lea quiere ir a pasear.

—¿Cómo puede ponerse el campo tan verde

con este cielo tan gris, papá? —pregunta Lea.

—Es el ciclo de la naturaleza, Lea. También nosotros
formamos parte de él —le contesta su padre.

—¿El ciclo de la naturaleza? ¿Es lo que hace que las cosas
cambien de forma y de color?

Entonces, Lea señala unas flores en las que han caído
dos gotitas de lluvia desde el cielo.

—**¡Papá, mira esas flores!** Ayer no estaban tan rojas —dice Lea,
asombrada, mientras mira de cerca los hermosos pétalos.

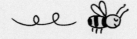

—Es porque esta tarde han bebido un poco de lluvia
y ayer tomaron el sol. El agua y la luz son el alimento
de las plantas y hacen que crezcan y cambien.
¿Has oído hablar de las abejas? —pregunta el papá de Lea.

—¡Oh, papá! Me han contado que las abejas pican

y que duele mucho… —responde Lea, un poco preocupada.

—Las abejas solo pican si tienen miedo, y ¡tú no las asustas nunca!

Además, ayudan a que las flores estén tan bonitas, y eso es gracias

al polen, Lea. ¿Sabes qué es el polen? Es un polvillo que producen

las flores y que las abejas llevan de unas a otras con sus patitas

y así ayudan a que aparezcan nuevas flores —explica el padre a Lea.

—¡Entonces yo quiero ser como una abeja, papá! Quiero que las flores crezcan
y poder mirarlas y olerlas —contesta Lea mientras se tumba en la hierba húmeda—.
¡Qué bonita es la naturaleza! ¡Me quedaría siempre aquí, oliendo la hierba mojada
y escuchando tus historias!

—A veces, lo más bonito que podemos hacer es tumbarnos
y observar todo lo que nos rodea, Lea —comenta su padre.
—Algunas noches, cuando miro el cielo y lo veo lleno de estrellas,
¡me parece enorme! ¡El mundo es un misterio maravilloso, papá!

–Sí, y sobre todo es un misterio para quien se hace preguntas, Lea. ¡Nunca dejes de preguntar! Ahora volvamos a casa, ¡nos estamos mojando mucho!

Claves para pensar

El filósofo estadounidense **HENRY DAVID THOREAU** (1817-1862) se mudó en soledad a una casa en el campo para vivir en contacto con la naturaleza. Allí escribió un libro en el que nos pide que cuidemos del medio ambiente y defiende nuestra libertad para pensar, soñar e imaginar.

🌷 ¿Te gusta mirar a tu alrededor y ver todo lo que hay? ¿Por qué?

🌷 ¿Hay naturaleza allí donde vives? ¿Crees que es igual el paisaje de la ciudad que el de la naturaleza?

🌷 Cuando dices que una flor es bonita, ¿qué quieres decir? ¿En qué se diferencia lo bonito de lo feo?

🌷 ¿Por qué decimos que unas cosas son buenas y otras malas? ¿Qué significa «ser bueno» o «ser malo»?

🌷 Parece que Lea tiene miedo a las abejas. ¿Has tenido miedo alguna vez? ¿Por qué?

Lea encuentra un caracol

Una historia sobre el paso del tiempo,
la muerte y el recuerdo

Una mañana de otoño, Lea y su madre

encuentran en el suelo la casita de un caracol.

Pero… ¡está vacía! Lea la mira con atención.

Le gusta mucho ese cascarón marrón,

aunque parece muy frágil.

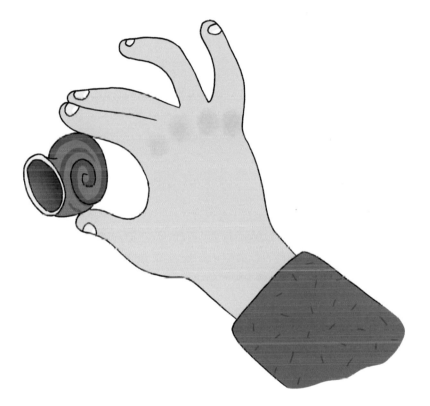

—¿Por qué miras tan sorprendida esa concha, Lea? —le pregunta su madre.

De repente, Lea se da cuenta de que dos caracoles se deslizan muy cerca de sus pequeños pies. Es como si fueran patinando, y ¡hasta dejan un rastro tras ellos! Se mueven muy lentamente por el suelo. Uno de ellos es mucho más grande que el otro.

Entonces, boquiabierta, Lea vuelve a mirar el cascarón vacío
que tiene en sus manos.

—Mamá, **¿por qué esta concha no tiene nada dentro?** —pregunta
Lea pensativa, mientras toca las pecas de su cara.

—Porque el caracol que tenía dentro ya no está, Lea. Esto
es lo que pasa cuando algo se muere.

—Entonces, cuando algo se muere, **¿quiere decir que se va?**
¿Y adónde ha ido, el caracol? —sigue preguntando Lea.

La mamá de Lea, antes de contestar, señala los caracoles
que pasean juntos.

—¿Has visto el rastro que van dejando esos caracoles de ahí?
Nosotros también dejamos un rastro. Cada día lo hacemos
más y más largo —contesta su madre.

Además de ser muy curiosa, Lea también tiene mucha imaginación.

Así que le pregunta a su madre:

—Oh, ¿entonces todo lo que hacemos es como un camino?

—Exactamente, Lea —le contesta su mamá.

—¡Vaya!, y ¿adónde va ese camino?

—No lo sabemos, Lea —responde su madre, sonriendo—.

Todos los días recorremos un trocito de ese camino.

Y como no nos gusta ir solos, elegimos a algunas personas

para que nos acompañen, como esos dos caracoles.

—Pero hay algo que aún no entiendo, mamá —dice Lea—.

¿Por qué este caracol está vacío? ¿Es que se ha terminado su camino?

—Sí, Lea, llegó al final de su camino. Aunque ¿te has fijado

que su concha sigue siendo muy bonita? Si la lavas con cuidado

y no la rompes, puedes ponerla en tu habitación.

—¿Y nosotros también terminaremos alguna vez
nuestro camino? —pregunta Lea, intrigada.
—Sí, como todos los seres vivos. Si dejas un rastro muy bonito
alguien lo recordará, Lea, aunque hayas llegado al final.
Como el de esa concha vacía. Ya no tiene caracol,
pero ¿te has fijado en lo hermosa que es?
—La pondré en mi habitación y así me acordaré
del caracol siempre que la mire —contesta Lea,
decidida a seguir con su camino…

HANNAH ARENDT (1906-1975) fue una pensadora adelantada a su tiempo que dio mucha importancia al concepto de «nacimiento» (o «natalidad»). Arendt dijo que cuando alguien nace, comienza una nueva historia que da nuevas posibilidades al mundo. Los seres humanos somos lo que decimos y lo que hacemos, pero también lo que recuerdan de nosotros: somos el recuerdo de otras personas que ya no están.

⧖ ¿Has pensado alguna vez qué significa que nuestros padres y abuelos sean mayores que nosotros? ¿Qué significa «hacerse mayor»?

⧖ ¿Qué puede enseñarte la lentitud de un caracol cuando se mueve?

⧖ ¿Cuál crees que es tu camino? ¿Qué rastro, como el que dejan los caracoles, te gustaría dejar?

¿Qué es un amigo?

Un cuento sobre la amistad y el valor
de las relaciones humanas

Cada verano, Lea viaja con sus padres a algún lugar desconocido.

Van a la playa o a la montaña, visitan sitios muy bonitos

y Lea siempre encuentra niños y niñas con los que jugar.

El último verano, viajaron a un pueblo chiquitito muy cerca

del mar, donde había un puerto lleno de barcos grandes y pequeños,

y de todos los colores. A Lea le encantaba pasear cerca de ellos

mientras imaginaba que era la capitana de uno de esos barcos

y que viajaba a tierras misteriosas y muy lejanas.

Una tarde, Lea vio a un niño que llevaba un sombrero negro de pirata, que estaba en uno de los barcos.

Lea le preguntó:

—¿Puedo jugar contigo?

—¡Sube a bordo, marinera! ¡Pero solamente si eres valiente! —le contestó el niño—. Me llamo Florián y soy pirata. Estoy pasando unos días en este pueblo. ¡He desembarcado aquí con mis padres para recoger alimentos y buscar aventuras! —Lea se quedó un poco sorprendida. Aquel niño no parecía estar jugando: ¡creía ser un auténtico pirata! ¿Y si lo era de verdad?

—Pues yo me llamo Lea y estoy de vacaciones. No soy pirata, pero a lo mejor puedes enseñarme a serlo. **¿Qué hace un pirata, Florián?** —preguntó Lea con mucha curiosidad.

—¡Recorrer todos los océanos del mundo y vivir increíbles aventuras con sus compañeros de barco! ¡También buscamos riquezas y tesoros escondidos! Eso hace un pirata —contestó Florián mientras se colocaba su sombrero pirata—. Toma, tengo otro igual que el mío. Si te lo pones, ¡seremos amigos para siempre!

—¡Acepto! —dijo Lea, entusiasmada, mientras se colocaba

su sombrero muy orgullosa.

—Si aceptas, ¡debes saber que los piratas nunca dejan de ser amigos,

por muy lejos que estén! —rio Florián, muy contento.

—Pero, Florián, ¿cómo podremos ser amigos si estamos lejos?

¿Qué pasará cuando se acaben las vacaciones y ya

no estemos juntos? —preguntó Lea, un poco preocupada.

—Los piratas nos escribimos cartas contándonos
un montón de cosas; las metemos en una botella
y una gaviota las lleva hasta donde estemos.
¡Es el código pirata! ¡Los amigos siempre son fieles!

Lea y Florián compartieron muy buenos momentos durante esos días. Cuando llegó el final de las vacaciones y tuvieron que decirse adiós, Lea se puso un poco triste. Al despedirse, se abrazaron y prometieron vivir más aventuras el verano siguiente. Mientras, se escribirían muchas cartas…

ARISTÓTELES (384-322 a.C.) fue un filósofo griego que vivió hace mucho tiempo y que dio mucha importancia a la amistad. Aristóteles dijo que lo más importante no son las riquezas o tener muchas cosas, sino poder compartir nuestra vida con los amigos.

♥ Y tú, ¿tienes muchos amigos? ¿Crees que es importante tener amigos?

♥ Si alguien te preguntara qué es un amigo, ¿qué responderías?

♥ ¿Cómo te sientes cuando estás con tus amigos?

♥ ¿Qué crees que es más importante? ¿Tener muchas riquezas, como los piratas con sus tesoros, o tener amigos?

¡Sale agua!

Sobre el progreso científico.
¿La tecnología hace mejor nuestro mundo?

Cada mañana, cuando Lea va hacia el colegio con su padre

o con su madre, siempre se detiene, muy atenta,

delante de uno de los jardines que hay en su barrio.

Están llenos de plantas y los pájaros pían y vuelan muy contentos.

Pero hay algo que despierta su curiosidad.

Sabe que, a las nueve en punto, los jardineros empiezan
a regar todas esas plantas con mangueras que salen
del suelo. Por eso Lea es siempre muy puntual.

La primera vez que vio a los jardineros, Lea preguntó:

—¿De dónde sale el agua de esas mangueras?

¿Es que hay agua debajo de la tierra?

—Lea, por debajo del suelo hay un montón

de tubos que llevan agua. De ahí sale para que

podamos regar los jardines —le contesta su madre.

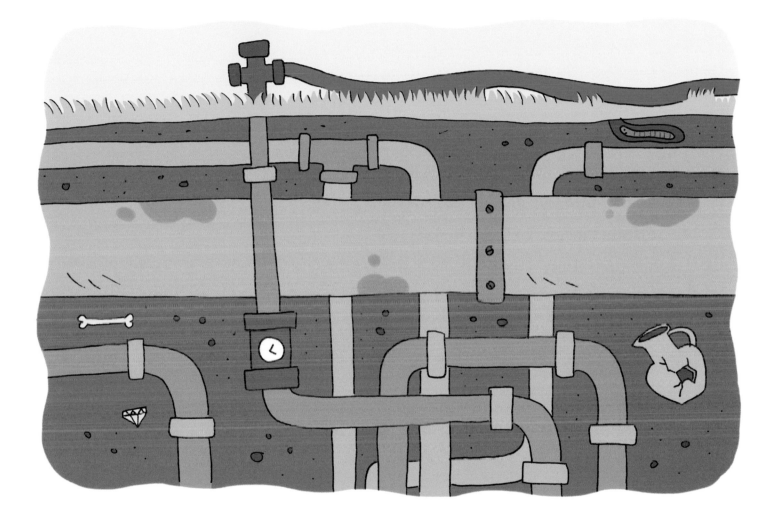

—Pero ¿quién ha metido esos tubos ahí debajo? —sigue preguntando Lea, muy sorprendida.

— Gracias a nuestra inteligencia, hemos hecho muchos avances para que podamos vivir mejor, Lea. ¿Te imaginas tener que traer cubos de agua desde un río cada día para poder regar todas esas plantas? A los jardineros no les daría tiempo a hacer su trabajo —explica la mamá a Lea.

—Mmm, así que… ¿debajo de la tierra hay ríos?
¿Y llegan también hasta nuestra casa para poder
ducharnos y beber agua?

—Eso es, Lea, aunque son ríos muy especiales
que han creado personas que han estudiado mucho
para poder hacernos la vida más fácil.

—Pero, mamá —interrumpe Lea, pensativa—,

entonces ¿por qué no vivimos cerca de los ríos

en vez de meter todos esos tubos debajo de la tierra?

—Porque somos muchas personas, Lea, y no todas

podemos estar cerca de un río. ¿Te gustaría vivir en el campo

en vez de estar en la ciudad? —pregunta su madre.

Entonces, Lea miró hacia el cielo y vio a uno de aquellos hermosos pájaros piar con mucha fuerza.

—Mamá, no sé dónde me gustaría vivir. Pero ¡creo que sería **todavía más feliz si pudiera vivir como ese pájaro**! Así podría ver todo desde el cielo y ser libre.

—¡Qué cosas tienes, Lea! Pero ¡si ya eres libre!

—contesta la madre de Lea.

—Pero, entonces, **¿por qué tengo que ir al colegio?**

—Para que, algún día, también puedas hacer la vida
de otras personas más fácil, Lea.

Claves para pensar

JEAN-JACQUES ROUSSEAU (1712-1778) fue un filósofo francés que pensó mucho sobre el progreso científico. Dijo que seríamos más felices y buenos en una sociedad en naturaleza, sin tantos instrumentos tecnológicos.

 Y tú, ¿qué piensas? ¿Seríamos más o menos felices sin tantos aparatos tecnológicos como, por ejemplo, el teléfono móvil?

 ¿Crees que la ciencia o la tecnología han mejorado nuestra vida? ¿Por qué?

 Y tú, ¿cómo haces mejor la vida de los demás?

 ¿Qué te gustaría crear o inventar?

 ¿Has pensado alguna vez que todos los días usamos herramientas tecnológicas que no sabemos cómo funcionan? Experimenta, investiga y averigua, por ejemplo, cómo funciona un teléfono móvil o una televisión.